LES FESTES DE THALIE,

BALLET

REPRÉSENTÉ PAR L'ACADEMIE ROYALE DE MUSIQUE;

La premiere fois, le quatorze Aoust 1714.
La seconde, le vingt-cinq Juin 1722.
La troisiéme, le deux Juin 1735.

DE L'IMPRIMERIE
De JEAN-BAPTISTE-CHRISTOPHE BALLARD,
Seul Imprimeur du Roy, & de l'Academie Royale de Musique.

M. DCC XXXV.

AVEC PRIVILEGE DU ROY.

LE PRIX EST DE XXX. SOLS.

AVERTISSEMENT.

LE Sujet de ce Ballet eſt l'AMOUR TRIOMPHANT dans les trois differents états du beau Sexe, FILLE, FEMME, & VEUVE: Cela forme trois Fêtes differentes que THALIE donne ſur le Theâtre de l'Opera, par l'ordre d'APOLLON.

Il y a près de trois ans que j'avois été tenté de faire cet Opera, ſous le Titre de FRAGMENS COMIQUES: J'en avois même fait le Prologue & l'Acte de la VEUVE. Enfin, à la ſollicitation de mes Amis, j'ay achevé ce Ballet. Et d'une Piece que je voulois intituler, l'AMANT DE SA FEMME, & que j'avois commencé dans un autre genre; j'ay fait mon Acte DE LA FEMME que j'ay ajuſté au Theâtre de l'Opera. A l'égard de l'Acte DE LA FILLE, je l'ay nouvellement imaginé.

J'ay fait mes efforts dans ce petit Ouvrage pour plaire au Public; mais je ſerois de plus en plus animé à contribuer à ſes amuſements, s'il pouvoit m'être auſſi indulgent ſur ce Theâtre, qu'il a eu la bonté de m'être favorable au Theâtre de la Comedie.

ACTEURS CHANTANTS DU PROLOGUE.

MELPOMENE, Mlle. Jullye.
THALIE, Mlle. Petitpas.
APOLLON, Mr. Guignier.

ACTEURS DANSANTS.

SUITE DE THALIE;

Mademoiselle Le Breton;

Messieurs Matignon, Savar, Javillier-C., Dupré, Dumay.

Mesdemoiselles Fremicourt, Durocher, Carville, Petit, Rabon.

LES FESTES DE THALIE, *BALLET.*

PROLOGUE.

La Scene est sur le Theâtre de l'Opera.

SCENE PREMIERE.

MELPOMENE, Et sa Suite.

MELPOMENE.

Heâtre de ma gloire, où regne l'Harmonie,
Ne recevez des loix que de mon seul génie.
Mes Sujets sont les Rois, les Heros, & les Dieux,
Rien ne peut égaler mes Spectacles pompeux.

Theâtre de ma gloire, où regne l'Harmonie,
Ne recevez des loix que de mon ſeul génie.

J'attendris par les ſons, mes pleurs & mes ſoupirs;
Mes tragiques douleurs forment les vrais plaiſirs.

Theâtre de ma gloire, où regne l'Harmonie,
Ne recevez des loix que de mon ſeul génie.

CHOEUR.

Regnez divine Melpomene,
Regnez, des vrais plaiſirs aimable Souveraine.

Les Heros de la Suite de MELPOMENE, luy rendent hommage par leurs Danſes.

SCENE II.

MELPOMENE, THALIE.

On entend une Symphonie vive & gaye qui annonce l'arrivée de la Muse Comique.

MELPOMENE.

Dieux! quels frivoles sons? Que vois-je? c'est Thalie!
Vient-elle de ses jeux étaler la folie?
Osez-vous donc vous faire voir
En des lieux pleins de mon pouvoir?

THALIE.

Je viens avec les Ris pour égayer la Scene.

MELPOMENE.

Armide, Phaëton, Atis,
Roland, Bellerophon, Thetis,
De ce brillant séjour me rendent Souveraine;
Muse, retirez-vous.

THALIE.

Je le vois bien, ma Sœur, un mouvement jaloux

Contre moi vous anime.

MELPOMENE.

Croyez-vous de mes Vers effacer le Sublime?

THALIE.

Sans vous rien disputer, je voudrois entre-nous
Par un autre chemin, mériter quelque estime.

MELPOMENE.

Vous meriterez mon courroux.

THALIE.

Ma Sœur, un mot seul peut suffire
Pour faire voir qu'on me doit préferer;
On est bien-tôt las de pleurer,
Se lasse-t'on jamais de rire?

Vous faites à l'Amour une cruelle offense
De ne l'offrir que furieux,
Sous des traits plus rians je l'offre à tous les yeux.
Qui de nous, sert mieux sa puissance?

MELPOMENE.

Apollon en ces lieux s'avance,
Il sçaura de nous deux faire la difference.

SCENE III.

APOLLON, MELPOMENE, THALIE.

APOLLON.

Est-ce ainsi qu'à mes vœux, Muses, vous répondez!
Que deviennent les Jeux que j'avois demandez?

MELPOMENE.

On en voudroit éloigner Melpomene.

THALIE.

C'est vôtre ordre, Apollon, qui dans ces lieux m'amene.

ENSEMBLE.

C'est moi qui dans ces lieux prétens donner des loix.

APOLLON à MELPOMENE.

Ne pouvez-vous comme autrefois
Joindre vos Airs pompeux aux doux Chants de Thalie?
Ce mélange aujourd'huy charme encor l'Italie.

MELPOMENE.

Ce seroit avilir mes Héros & mes Rois.

APOLLON.

Hé bien : entre vous deux il faut faire un partage,
L'une & l'autre en son tems en plaira davantage.

Que la Paix regne en ces beaux lieux ;
Réunissons Melpomene & Thalie.

L'une, dans les hyvers pourra chanter les Dieux ;
L'autre, dans les beaux jours, par sa douce folie,
Charmera les cœurs & les yeux.

Que la Paix regne en ces beaux lieux ;
Réunissons Melpomene & Thalie.

MELPOMENE.

Quoi ! sous d'égales loix l'une & l'autre on nous range?
Je reçois d'Apollon des mépris si cruels ?
Quoi ! tout Dieu qu'il est, son goût change?
Ah ! c'est une foiblesse à laisser aux Mortels.

Elle sort avec les Heros de sa suite.

SCENE IV.

THALIE.

VEnez, volez de toutes parts,
Je vais offrir à vos regards
Des Jeux sans pleurs & sans tristesse.

Mon art est le plus doux des arts,
Il est l'amour de la Jeunesse,
Et je fais leçon de tendresse.

Venez, volez de toutes parts,
Je vais offrir à vos regards
Des Jeux sans pleurs & sans tristesse.

SCENE V.

THALIE; JEUX & PLAISIRS qui accourent de toutes parts.

CHOEUR des JEUX ET DES PLAISIRS.

TRiomphez Muse charmante,
Triomphez de l'ennui, des pleurs & des soupirs,
Couronnez la Troupe riante
Des Jeux & des Plaisirs.

LES JEUX ET LES PLAISIRS célebrent la Gloire de Thalie par leurs danses.

THALIE.

Pour mieux faire éclater mon triomphe en ce jour,
Signalons dans nos Jeux le pouvoir de l'Amour.

Beautez, en tout tems, à tout âge,
L'Amour est sûr de votre hommage.

Il regne dans tout l'Univers:
Si l'Hymen vous engage, * — * Femme.
Si vous sortez de ses Fers, * — * Veuve.
Si vous fuyez son Esclavage, * — * Fille.

Beautez, en tout tems à tout âge,
L'Amour est sûr de votre hommage.

CHOEUR.

Triomphez Muse charmante,
Triomphez de l'ennui, des pleurs & des soupirs,
Couronnez la Troupe riante
Des Jeux & des Plaisirs.

FIN DU PROLOGUE.

Acteurs Chantants dans les Chœurs de ce Ballet.

CÔTE' DU ROY.		CÔTE' DE LA REINE.	
Mesdemoiselles	*Messieurs*	*Mesdemoiselles*	*Messieurs*
Dun.	St. Martin.	Antier-C.	Le Myre.
	Lefebvre.		Morand.
Cartou.	Louette.	Thetelette.	Deserre.
Ducoudray.	Marcelet.	Charlard.	Thurier.
Delorge.	Deshais.		Dautrep.
	Buseau.	Lavalée.	Lasalle.
Goussier.	Duplessis.		
	Combault.	Deshaigles.	François.
Bourbonois-L.	Rochette.		Houbault.
Varquir.	Fel.	Bourbonois-C.	Bourque.

APROBATION.

J'AY lû par Ordre de Monseigneur le Chancelier, *Les Fêtes de Thalie, Ballet*; & j'ay cru que l'Impression en seroit agreable au Public. Fait à Paris ce huit Aoust mil sept cent quatorze.

DANCHET.

PREMIERE ENTRÉE.

ACTEURS CHANTANTS.

ACASTE, *Capitaine de Vaisseau, Amant de Leonore,* Mr. Chassé.
CLEON, *Pere de Leonore,* Mr. Person.
BELISE, *Mere de Leonere,* Mr. Cuvillier.
LEONORE, Mlle. Fel.
UNE MARSEILLOISE, Mlle. Petitpas.
UN CAPTIF, Mr. Albert.

ACTEURS DANSANTS.

CAPTIFS;

Messieurs Dupré, Javillier-L.;

Messieurs Bontemps, Malter-C., Matignon.

MATELOTS;

Monsieur D-Dumoulin;

Messieurs Dangeville, Malter-L., Hamoche.

Mesdemoiselles Thybert, Centuray, Binet, Saint-Germain, Le Breton, Fremicourt.

PREMIERE ENTRÉE.

LA FILLE.

Le Theâtre représente le Port de Marseille.

SCENE PREMIERE.

ACASTE, CLEON.

CLEON.

Quelle est donc la Beauté dont vous portez la chaîne ?

ACASTE.

Vous verrez dans peu ses attraits.

L'Amour, pour me blesser a puisé tous ses traits
Dans les beaux yeux d'une Inhumaine.

Mais ſongez à la Fête, & me laiſſez icy
Attendre l'Objet qui m'engage.

CLEON.

Vous me rendez heureux, vous allez l'être auſſi,
Vos bontez dans Alger m'ont tiré d'eſclavage,
Aprés dix ans de maux, je revois ce rivage.

Chere Epouſe, en ce jour, quel ſera ton tranſport,
De revoir ton Epoux, quand tu le croyois mort?

SCENE II.

ACASTE.

NE puis-je me flatter d'une douce eſperance?
L'Objet que j'aime, helas! s'oppoſe à mon bonheur.

Cruelle indifference,
Contre mes feux tu défends trop ſon cœur;
Le nœud de l'hymen lui fait peur.

Ne puis-je me flatter d'une douce eſperance?
L'Objet que j'aime, helas! s'oppoſe à mon bonheur.

Mes

Mes ſoins, mes ſoupirs, ma conſtance,
Ne peuvent flechir ſa rigueur,
L'Amour même auroit peine à s'en rendre vainqueur.

Ne puis-je me flatter d'une douce eſperance?
L'Objet que j'aime, helas! s'oppoſe à mon bonheur.

Attendons un moment pour m'offrir à ſes yeux,
Sa mere doit parler en faveur de mes feux.

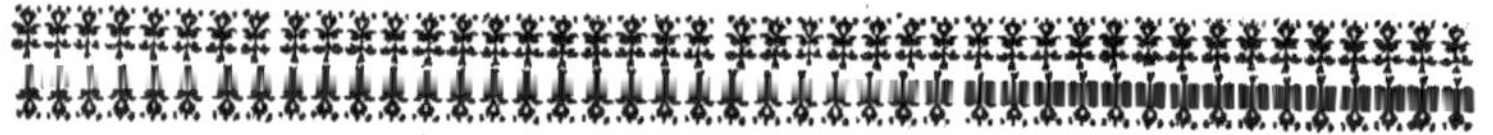

SCENE III.

BELISE, LEONORE.

LEONORE, une Guittare à la main.

Rire, danſer, chanter eſt mon partage,
Sans ſoins, ſans amour, ſans deſirs;
Point d'hymen, point d'eſclavage,
Je ne m'engage
Qu'aux ſeuls plaiſirs.

BELISE.

Acaſte eſt de retour, après un long voyage,
Donnez-lui votre main, couronnez ſes ſoupirs.

LEONORE.

Des plus tendres ſoupirs l'hymen bannit l'uſage,
Rire, danſer, chanter eſt mon partage.

BELISE.

Depuis que mon époux a quitté ce rivage
Dans les pleurs j'ai passé dix ans.
Sans doute il ne vit plus, votre seul avantage
M'a fait refuser mille Amans.
Voulez-vous perdre ainsi le printemps de votre âge?

LEONORE.

L'hymen cause des soins, ces soins trop importans
Nous font vieillir dès le printemps.

Rire, danser, chanter est mon partage,
Sans soins, sans amour, sans desirs;
Point d'hymen, point d'esclavage,
Je ne m'engage
Qu'aux seuls plaisirs.

SCENE IV.

ACASTE, BELISE, LEONORE.

ACASTE.

VOs mépris, Leonore, ont-ils fini leur cours?
Daignez-vous consentir à mon bonheur suprême,
Et verrai-je bien-tôt commencer mes beaux jours?

LEONORE.

De l'Amant voilà les discours;
Ceux de l'Epoux sont-ils de même?

ACASTE.

L'hymen ne servira jamais qu'à m'enflâmer.

LEONORE.

Non, l'on ne s'aime plus, dès que l'on doit s'aimer.

BELISE, à ACASTE.

Ne lui faites point de violence,
Portez ailleurs des vœux qu'elle n'écoute pas.

ACASTE.

Que ne puis-je arracher mon cœur à sa puissance?

LEONORE, à ACASTE.

Vous trouverez ailleurs de plus charmans appas.

ACASTE.

O Ciel! à tant d'amour faire tant d'injustices!

BELISE.

Sa legere humeur, ses caprices,
Sur les douceurs d'hymen répandroient le poison:
Si vous voulez gouter d'éternelles délices,
Prenez femme qui soit dans l'âge de raison.

ACASTE à BELISE.

Je goute vos conseils, ils finiront ma peine.

LEONORE à part.

Quelle honte pour moi s'il sortoit de ma chaîne!

ACASTE.

Que dites-vous?

LEONORE.

Suivez des conseils genereux.

ACASTE à part.

Le seul dépit jaloux peut la rendre à mes feux.

à LEONORE.
Vous me conseillez donc une chaîne nouvelle?

LEONORE.
Cherchez quelque objet moins rebelle.

BELISE à ACASTE.
Je sçait la beauté qu'il vous faut.
Elle veut vous charmer, ses yeux brillent encore
Du même feu dont brille Leonore;
Elle n'en a pas un défaut.

ACASTE.
Montrez-moi sans tarder l'Objet que j'aime.

BELISE se montrant.
Vous la voyez, c'est une autre elle-même.

ACASTE déconcerté.
Cachons le trouble affreux dont je suis agité,
Faisons voir pour sa mere un amour affecté.

à LEONORE.
Votre rigueur inhumaine
A trop long-tems éclaté:
Ne poussez pas votre haine
Contre un Amant rebuté,
Jusqu'à traverser la chaîne
Qui fait sa felicité.

ACASTE ET BELISE,
à LEONORE.

Ne pouſſez pas votre haine
Contre un Amant rebuté,
Juſqu'à traverſer la chaîne
Qui fait ſa felicité.

LEONORE, s'en allant.

Sortons, ce que j'entens me cauſe trop de peine.

SCENE V.

BELISE, ACASTE.

ACASTE, courant après LEONORE.

Elle fuit.....

BELISE.

Laissons-la, ne songez plus qu'à moi;
Je ne m'occupe plus qu'à vous être fidelle,
Hâtons l'heureux instant de vous donner ma foi;
Vous seriez esclave avec elle,
De vous, je recevrai la loi.
Tu seras mon Epoux, mon Souverain, mon Roi.

Consens à de nouveaux soupirs,
N'aime plus qui te hait, & ne hais point qui t'aime;
Mon amour sur tes pas conduira les plaisirs,
C'est assez qu'avec eux, tu me souffres moi-même.

CLEON paroît.

SCENE VI.

CLEON, LEONORE, BELISE, ACASTE, Troupe de Captifs Algeriens enchaînez ; Troupe de Matelots Marseillois.

CLEON, appercevant sa femme.

AH la Perfide ! au moins pour former d'autres nœuds,
Attens ma mort, tu n'attendras plus guere.

BELISE reconnoissant CLEON.

Mon Epoux....

ACASTE à LEONORE.

Quoi ! c'est votre Pere
Que j'ai tiré des fers ?... ah ! je suis trop heureux.

LEONORE contente.

Vous n'épouserez point ma mere.

ACASTE.

Qui m'y forçoit, helas ! c'étoit votre rigueur ?
Puis-je être heureux sans vous ? non, il n'est pas possible.
Eh ! dans cette feinte penible,
Ne lisiez-vous pas dans mon cœur ?

CLEON

CLEON à ACASTE.

Que ma Fille envers vous m'acquite
Et recevez le prix que votre cœur merite.

ACASTE aux Captifs Algeriens.

Vous à qui ma valeur fit ſubir l'eſclavage,
Je briſe vos liens, allez, ſoyez heureux,
Vous devez ce bonheur à l'Objet qui m'engage,
Rendez-en grace à ſes beaux yeux,
Et formez en ce jour les plus aimables Jeux
Avec les Habitans de ce charmant Rivage.

On ôte les Chaînes aux Captifs.

Chantez l'Amour, chantez ſa gloire,
Il triomphe d'un cœur qui mépriſoit ſes traits:
Chantez, publiez à jamais
Sa nouvelle Victoire.

CHOEUR.

Chantons l'Amour, chantons ſa gloire,
Il triomphe d'un cœur qui mépriſoit ſes traits:
Chantons, publions à jamais
Sa nouvelle Victoire.

Les Captifs Algeriens danſent.

UN ALGERIEN.

Triomphe Amour, de la Beauté
Qui nous rend aujourd'hui la liberté ;
Qu'Elle a d'appas !
Qui ne l'aimeroit pas ?
Ses beaux yeux ſont vainqueurs
De tous les cœurs ;
Mais à ſon tour
Elle céde à l'Amour.

Triomphe Amour, de la Beauté
Qui nous rend aujourd'hui la liberté.

à ACASTE.

Vous allez être ſon Epoux ;
Qu'un ſort ſi doux
Vous fera de Jaloux !
Soyez conſtant,
Vivez content,
Que vos deſirs
Naiſſent des Plaiſirs.

Triomphe Amour, de la Beauté
Qui nous rend aujourd'huy la liberté.

Les Marſeillois & Marſeilloiſes danſent.

UNE MARSEILLOISE.

Tout Amant
Comme le vent
Eſt ſujet à changer,
N'en courons pas le danger.
Tel qui nous rend hommage,
N'eſt qu'un volage,
Défions-nous
D'un vent ſi doux.

Sur les flots
Point de repos;
Dans l'empire amoureux
L'on n'eſt guere plus heureux,
Qui laiſſe le rivage,
Court au naufrage,
C'eſt trop riſquer
Que s'embarquer.

CHOEUR.

Chantons l'Amour, chantons ſa gloire,
Il triomphe d'un Cœur qui mépriſoit ſes traits:
Chantons, publions à jamais
Sa novelle Victoire.

FIN DU PREMIER ACTE.

DEUXIÉME ENTRÉE.

ACTEURS CHANTANTS.

ISABELLE, *Veuve Coquette*, Mlle. Pelicier.
DORIS, *Sa Confidente*, Mlle. Antier.
LEANDRE, *Officier*, Mr. Jelyot.
CHRISOGON, *Riche Financier.* Mr. Dun.
UNE BERGERE. Mlle. Fel.

ACTEURS DANSANTS.

FESTE DE VILLAGE;

LE MARIE' ET LA MARIE'E;
Monsieur D-Dumoulin; Mademoiselle Mariette;

LES PERE ET MERE DU MARIE';
Monsieur Savar; Mademoiselle Durocher;

LES PERE ET MERE DE LA MARIE'E;
Monsieur Dumay; Mademoiselle Thybert;
Monsieur Malter-L., *Frere du Marié.*
Mademoiselle Le Breton, *Sœur de la Mariée.*

BERGERS ET BERGERES;
Messieurs Hamoche, Dangeville.
Mesdemoiselles Centuray, Courselle.

PASTRES ET PASTOURELLES;
Messieurs Matignon, Bontemps.
Mesdemoiselles Saint-Germain, Fremicourt.

DEUXIÉME ENTRÉE.

LA VEUVE COQUETTE.

Le Theâtre représente un Hameau.

SCENE PREMIERE.

ISABELLE parée d'un deüil des plus galants.

Douce liberté du Veuvage,
Non, je ne vous perdrai jamais :
Je connois trop votre avantage
Pour renoncer à vos attraits.

Mille Amans viennent rendre hommage,
A l'éclat de nos yeux, au pouvoir de nos traits.
Mon cœur avec plaisir écoute leur langage,
Et n'en goûte pas moins une profonde paix.

Douce liberté du Veuvage,
Non, je ne vous perdrai jamais ;
Je connois trop votre avantage
Pour renoncer à vos attraits.

SCENE II.

ISABELLE, DORIS,

DORIS.

Vous jouissez d'un sort tranquille ;
Dès que la Parque eût mis votre Epoux au tombeau,
Près de ce paisible Hameau
Vous prîtes pour pleurer le plus riant azile ;
Et bientôt les Amours, les Jeux & les Plaisirs
Chasserent loin de vous les pleurs & les soupirs.

ISABELLE.

L'Amour auprès de moi rassemble
Une foule d'Adorateurs,
Et je trouve mille douceurs
A les amuser tous ensemble.

DORIS.

Tous vos Amans se plaignent de leur sort ;
L'un près de vous répand des larmes,
L'autre à vos yeux veut se donner la mort.

ISABELLE.

Quel doux triomphe pour nos charmes !

DORIS.

Chrisogon soûpire pour vous,
Favory de Plutus, sa richesse est immense.
Vous voyez tous les jours Leandre à vos genoux,
Favori du Dieu Mars, il en a l'apparence:
Qui de ces deux Amans aura la préference?
Mais, il s'avancent dans ces lieux,
L'amour & la colere éclatent dans leurs yeux.

ISABELLE.

Sous ce feüillage épais, Doris, je me retire:
De deux Amans jaloux, j'y verrai l'embaras,
J'entendrai leurs discours...

DORIS.

Vous n'en ferez que rire.

ISABELLE.

Et pourquoi n'en rirois-je pas?

****

SCENE III.

LEANDRE, CHRISOGON, DORIS.

LEANDRE.

Isabelle m'adore & ne vit que pour moi.

LE FINANCIER.

Isabelle à moy seul doit engager sa foy.

LEANDRE.

Sa bouche mille fois m'a juré qu'elle m'aime.

LE FINANCIER.

Sa bouche mille fois me l'a juré de même :

DORIS, aux deux Amants.

Les Belles trompent souvent,
Leurs promesses sont frivoles,
Et c'est compter sur le vent
Que de compter sur leurs paroles.

LE FINANCIER.

Pour plaire j'ai mille vertus,
Jamais mon cœur ne trouva de Cruelles ;
On est sûr d'être aimé des Belles,
Quand on est aimé de Plutus.

LEANDRE.

De la beauté la plus aimable
Je sçais attirer les regards ;
A tous les favoris de Mars
L'Amour fut toûjours favorable.

DORIS.

Cessez, cessez de disputer,
Tous deux vous avez l'art de charmer une Belle.

A l'Officier.

Vôtre tendresse a dequoi nous flater.

En montrant le Financier.

Mais la sienne est solide, on peut compter sur elle.

LE

LE FINANCIER.

Mais enfin, qui de nous doit être le Vainqueur?

LEANDRE au Financier.

Doris vous apprendra que je regne en son cœur.

DORIS.

Faites expliquer Isabelle,
Elle vient... Je la vois; vous l'apprendrez mieux d'elle.

SCENE IV.

ISABELLE, DORIS, LEANDRE, LE FINANCIER.

ISABELLE feignant de ne les avoir pas entendus.

L'Un & l'autre en ces lieux, quel sujet vous appelle?

LEANDRE, à ISABELLE.

Je me flattois que l'hymen le plus doux
M'uniroit avec vous.

LE FINANCIER.

J'ai seul droit de prétendre à ce comble de gloire,
Et j'aurois tort d'être jaloux;
Des Amans tels que nous, sont sûrs de leur victoire.

LEANDRE.

Prononcez, qui de nous doit voir combler ses vœux.

LE FINANCIER à ISABELLE.

Quoi! vôtre cœur encor balance entre nous deux?

LEANDRE.

Que vois-je? ô Ciel! vous semblez incertaine!

LE FINANCIER.

Ce choix si vous m'aimiez, vous feroit moins de peine.

ISABELLE.

A bannir l'un de vous j'aurois trop de regret,
Doris qui connoît mon secret
Une autrefois pourra vous en instruire.

DORIS à ISABELLE.

Doris veut vous laisser le plaisir de le dire.

LEANDRE ET LE FINANCIER.

Tous ces détours sont superflus,
Choisissez un Epoux & ne differez plus.

ISABELLE, feignant de pleurer.

Tant d'empressement me désole,
Veuve à peine depuis deux ans,
Croyez-vous qu'en si peu de temps
Un cœur affligé se console?

LE FINANCIER.

Pour chasser loin de vous la tristesse en ce jour,
J'ai rassemblé des Bergers d'allentour,
J'ai pris soin d'embellir la Fête;
Ils vont former pour vous les plus aimables Jeux,
Rien ne coûte pour la conqueste
D'un Objet qui fait tous nos vœux.

On entend un bruit de Musique champêtre.

LEANDRE.

Sur nôtre hymen enfin, que vôtre cœur prononce.

ISABELLE.

Après les Jeux, vous sçaurez ma réponse.

SCENE V.

FESTE OU NOCE DE VILLAGE.

DIVERTISSEMENT.

LE MARIE', ET LA MARIE'E, Les Gens de la nôce, & les Acteurs de la Scene préced.

ON JOUE LA MARCHE.

CHOEUR DES BERGERS.

QU'à danser chacun s'apprête,
L'Amour prend soin de la Feste;
Qu'à danser chacun s'apprête,
Célebrons d'aimables nœuds.

UNE BERGERE.

Deux cœurs amoureux s'unissent,
L'Amour les a faits tous deux,
Pour être heureux:
Pour jamais leurs tourments finissent;
L'Hymen a comblé leurs vœux.

LE CHOEUR.

Qu'à danser chacun s'aprête,
L'Amour prend soin de la Feste;

Qu'à danſer chacun s'apprête,
Célebrons d'aimables nœuds.

LA BERGERE.

Rien ne vaut la douceur extrême,
De poſſeder l'Objet qu'on aime ;
Les Plaiſirs, les Ris, les Jeux,
Sont le doux prix des plus beaux feux.

CHOEUR.

Qu'à danſer chacun s'apprête,
L'Amour prend ſoin de la Fête ;
Qu'à danſer chacun s'apprête,
Celebrons d'aimables nœuds.

On danſe.

CHOEUR.

Du Dieu d'hymen chantons les douces flâmes,
Qu'il enchaîne nos tendres cœurs ;
N'éteignons jamais les ardeurs
Que ſon flambeau fait naître dans nos ames.

DORIS à ISABELLE.

Aimez, aimez, qu'attendez-vous?
Cédez aux charmes les plus doux,

Sur les aîles du Temps la Jeunesse s'envole.
C'est un Amant qui console
De la perte d'un Amant.

Aimez, aimez, qu'attendez-vous ?
Cedez aux charmes les plus doux,
Sur les aîles du Temps la Jeunesse s'envole.

On danse.

On reprend la Marche, & la Nôce s'en va.

SCENE VI.

ISABELLE, DORIS, LEANDRE, LE FINANCIER.

LE FINANCIER.

CEs Jeux en ma faveur ont dû toucher vôtre ame :
Imitez ces Bergers, & que leur tendre flâme,
Vous fasse décider sur l'Objet de vos vœux.

ISABELLE.

Pensez-vous que mon cœur balance entre vous-deux ?

LEANDRE ET LE FINANCIER.

Prononcez si l'hymen joindra mon sort au vôtre :
Est-ce à moy qu'il promet les plaisirs les plus doux ?

ISABELLE.

Je pourrois plus long-temps vous tromper l'un & l'autre :

à l'Officier.

Mais mon cœur ne ſent rien Ni pour vous...

Au Financier.

Ni pour vous.

Elle ſort avec DORIS, qui leur fait à touts deux une grande réverence.

LEANDRE.

Avec quelqu'Objet plus aimable
Je vais me conſoler d'avoir perdu mes ſoins;
On n'en eſt pas plus miſerable,
Pour une Maîtreſſe de moins.

LEANDRE ET LE FINANCIER.

On n'en eſt pas plus miſerable
Pour une Maîtreſſe de moins.

FIN DE LA DEUXIE'ME ENTRE'E.

TROISIÈME ENTRÉE.

ACTEURS CHANTANTS.

CALISTE, *Femme de Dorante*, Mlle. Antier.
DORINE, *Femme de Zerbin*, Mlle. Petitpas.
DORANTE, *Epoux de Caliste*, Mr. Chassé.
ZERBIN, *Epoux de Dorine*, Mr. Cuvillier.

ACTEURS DANSANTS.

LE BAL;

TROUPE DE MASQUES;

Monsieur Dupré; Mademoiselle Mariette.

POLONOIS ET POLONOISES;

Mrs. Javillier-C., Dupré. Mlles. Rabon, Carville.

VENITIEN ET VENITIENNE;

Mr. Savar. Mlle. Durocher.

ESPAGNOL ET ESPAGNOLETTE;

Mr. Dumay. Mlle. Tybert.

TURCS ET TURCQUESSES;

Mrs. Matignon, Hamoche. Mlles. S. Germain, Centuray.

PASTRE ET PASTOURELLE;

Mr. Malter-L. Mlle. Le Breton.

ARLEQUIN ET ARLEQUINE;

Mr. F-Dumoulin. Mlle. Fremicourt.

POLICHINEL;

Monsieur P-Dumoulin.

LA FEMME

TROISIÉME ENTRÉE.

LA FEMME.

Le Théâtre représente une Salle préparée pour le Bal.

SCENE PREMIERE.

CALISTE, un masque à la main.

AMour, charmant Vainqueur,
Que ton Empire a de douceur,
Lorsqu'on ne craint point de Rivale!

Sans partage aujourd'hui je regne dans un cœur,
Qui croit brûler d'une infidele ardeur:
O douceur sans égale !

Amour, charmant Vainqueur,
Que ton Empire a de douceur,
Lorsqu'on ne craint point de Rivale.

SCENE II.

CALISTE, DORINE.

DORINE.

ON fait à vos appas une offense mortelle,
Voyez cet appareil pompeux ;
Votre Epoux qui vous croit absente de ces lieux ;
Votre Epoux infidele
Prépare cette fête à l'Objet de ses feux.

CALISTE.

Je ris de son amour comme de ta colere.

DORINE.

Souffrir sa trahison, & la voir de si près !
Vangez-vous de l'Objet que l'Ingrat vous préfere.

CALISTE.

Je ne me vangerai jamais
D'une Rivale qui m'est chere.

Voi l'Objet dont son cœur adore les attraits :
Dans un Bal l'autre jour l'Amour fit ce miracle,
Le masque lui cachoit mes traits,
Ses desirs curieux s'irritoient de l'obstacle:

Je le quittai timide... inquiet ... amoureux:
Je lui promis dans peu de m'offrir à sa vûe,
Et c'est pour découvrir enfin son Inconnue,
Qu'il a fait préparer ces Jeux.

DORINE.

Voilà les Hommes.
D'un bien que l'on possede oublier les appas,
C'est la mode au siecle où nous sommes;
On veut un bien que l'on n'a pas:
Voilà les Hommes.

CALISTE ET DORINE.

Quand l'Hymen aux Amans vient présenter ses chaînes,
L'Amour s'envole pour jamais,
Et nous perdons tous nos attraits
En cessant d'être souveraines.

CALISTE.

Cependant, de mes fers il a peine à sortir,
Le trouble de son cœur par ses regrets s'exprime.

Que j'aime les remords que je lui fais sentir!
Qu'ils flatent l'ardeur qui m'anime!
Ah! qu'en faveur du repentir,
On pardonne aisément le crime!

Je l'apperçois... allons, sous ce masque trompeur,
Jouir encor de son erreur.

SCENE III.

DORANTE, ZERBIN.

ZERBIN.

VOtre Epouse est partie, elle est loin de la Ville,
Et vous voilà le maître pour deux jours.

DORANTE.

Zerbin, que je suis peu tranquile!
C'est ici que j'attens l'Objet de mes amours.
Je vais donc voir les traits de celle qui m'enchante,
J'ai peine à retenir ma joye impatiente.

ZERBIN.

Pourquoi faire à Caliste une infidelité?
Quel caprice est le vôtre?
Epoux d'une rare beauté,
Pouvez-vous en aimer une autre?

DORANTE.

Caliste merite mes soins,
A regret mon cœur est volage;
Je sens que je ne puis l'estimer davantage;
Mais je sens, malgré moi, que mon cœur l'aime moins.

ZERBIN.

Vaut-elle moins que l'Inconnue?

DORANTE.

Quelle difference! ah grands Dieux!
Par un charme secret mon ame fut émue,
Oui, toutes ses beautez s'expliquoient par ses yeux;
Mais ses traits dans ce jour vont s'offrir à ma vûe,
Et l'Amour va remplir mes desirs curieux.

ZERBIN.

Demasquer ce qui nous sçait plaire,
C'est s'exposer au repentir.

Il est dangereux de sortir
D'une erreur qui nous est chere.

Demasquer ce qui nous sçait plaire,
C'est s'exposer au repentir.

CALISTE & DORINE, paroissent masquées.

DORANTE, appercevant son Inconnue.

La vois-tu? quels attraits!... Caliste est moins aimable.

ZERBIN, la considerant.

Je crois à ses appas le masque favorable.

SCENE IV.

CALISTE, DORINE, masquées, DORANTE, ZERBIN, Troupe de Masques.

CHOEUR des Masques.

CHantons, dansons, accourons-tous,
Que chacun fasse sa conquête;
Goûtons les plaisirs les plus doux,
Et que l'Amour soit de la fête.

DORANTE, à CALISTE.

Charmant Objet de mon amour,
Vous faites seule ici l'ornement de la fête;
Venus & sa brillante Cour
Embelliroient moins ce séjour:
Prenez part à ces Jeux, que l'Amour vous apprête.

DORANTE & CALISTE commencent le Bal, & dansent ensemble.

Les Masques dansent.

DORINE, masquée.

J'apperçois Zerbin mon époux,
Il ne me connoît pas... parlons, approchons-nous,
Voyons si l'exemple du Maître
N'en a point fait un second traître.
Vous semblez éviter mes pas.

ZERBIN.

Qui moi? j'ai d'autres soins en tête.

DORINE, masquée.

Peut-être cherchez-vous ici quelque Conquête.

ZERBIN.

Vous ne vous y connoissez pas.

DORINE.

Et dans un Bal que venez-vous donc faire?

ZERBIN.

J'accompagne un Maître amoureux.

DORINE.

Et vous; rien ne peut vous y plaire.

ZERBIN.

Le Sexe dès long-tems me rend trop malheureux.

DORINE.

Aimeriez-vous quelque inhumaine ?

ZERBIN.

Quoi, ſuis-je fait pour les rigueurs ?

DORINE.

Eſt-il rien de plus doux qu'Amour & ſes Faveurs ?

ZERBIN.

Eſt-il rien de plus dur que l'Hymen & ſa Chaîne ?

DORINE.

Et pourquoi de l'Hymen déteſtez-vous les loix ?

ZERBIN.

De ſes fers je ſens trop le poids.

DORINE.

Quels défauts a donc votre Epouſe ?

ZERBIN.

Elle eſt prude, bizarre, incommode, jalouſe ;
Elle m'a dégoûté de ſon Sexe trompeur ;
Peut-être ſeriez-vous comme elle ?
Je la déteſte... & grace à ſa mauvaiſe humeur
Je lui ſerai toujours fidele.

ON RECOMMENCE LE DIVERTISSEMENT.

DORANTE donne la main à CALISTE, & la conduit ſur le devant du Theâtre.

DORANTE à CALISTE maſquée.

Vous connoiſſez mon cœur, accordez à mes yeux
Le bonheur d'admirer vos charmes.

CALISTE maſquée.

Ne me voyez jamais, vous m'en aimerez mieux.

DORANTE.

Quels diſcours ! quels ſoupçons ! qu'ils me cauſent d'allarmes !

CALISTE.

Je veux vôtre bonheur.

DORANTE.

En est-il sans vous voir?

CALISTE.

Si j'accorde à vos yeux un si foible avantage,
Mes charmes perdront leur pouvoir.
A vous cacher mes traits l'Amour même m'engage,
Et m'en impose le devoir.

DORANTE.

L'Amour est offensé de tant de résistance,

CALISTE.

Je dois craindre vôtre inconstance.

DORANTE.

Ah! permettez qu'à vos genoux
Je calme ces vaines allarmes;
L'Amour fait mon devoir de céder à vos charmes,
Et me dit en secret qu'il faut n'aimer que vous.

CALISTE.

Ne portez-vous point d'autres chaînes?
Aucun objet n'a-t-il pû vous charmer?

DORANTE.

Vous estes de mon cœur maîtresse souveraine.

CALISTE.

D'autres que moy peut-être ont sçu vous enflâmer.

DORANTE.

DORANTE.

Quel autre objet que vous pourroit jamais me plaire?

CALISTE.

Mais quoy! n'avez-vous point de reproche à vous faire?

DORANTE, à part.

Dieux! sçauroit-elle mes liens?

CALISTE.

Vous vous troublez... Quelle est une Caliste,
Dont les attraits peut-être effacent tous les miens?

DORANTE un peu déconcerté.

Caliste, dites-vous?

CALISTE.

Quoy! ce nom vous attriste?
Vous semblez interdit!... vous l'aimez... je le voi.

DORANTE.

Non, je n'aime que vous, je m'en fais une loy.

CALISTE.

Vous me trompez... elle regne en vôtre ame.

DORANTE.

Il est vray, je l'aime, je ne m'en deffends pas;
Mais, ne m'accusez point d'avoir éteint ma flâme,
C'est un crime de vos appas.

CALISTE.

Mais auprès d'elle enfin, si l'Amour vous rappelle?

DORANTE.

L'Amour vous fait triompher d'elle.

CALISTE.

Pourrez-vous l'oublier?

DORANTE.

Oüi, je vous le promets.

CALISTE.

Vous ne l'aimerez plus?

DORANTE.

Non.

CALISTE.

Quoi, jamais?

DORANTE.

Jamais.

CALISTE & DORINE se démasquent.

ZERBIN.

Juste Ciel! quel trouble est le nôtre!

DORANTE, d'un air riant sans se troubler.

Caliste je suis trop heureux,
L'Amour nous contente tous deux.
Rivalle de vous-même & sans en craindre d'autre,
L'Amour après l'Hymen veut resserrer nos nœuds.

CALISTE.

Votre caprice eſt digne qu'on l'admire,
Et je ne pourrois m'en irriter:
Mais je dois vous imiter,
Et comme vous j'en veux rire.

CALISTE ET DORANTE.

Tendre Amour, dans nos cœurs lance de nouveaux feux,
L'Hymen ſans ton ſecours ne peut nous rendre heureux.

THALIE, à toute l'aſſemblée.

Allez, Troupe riante, allez, ceſſez vos Jeux,
De MELPOMENE *enfin j'efface les Conqueſtes;*
Il ne me manque plus pour combler tous mes vœux,
Que d'apprendre à mes Sœurs le ſuccès de mes Feſtes.

CHOEUR.

Triomphez, Muſe charmante,
Triomphez de l'ennui, des pleurs & des ſoupirs;
Ramenez la Troupe riante
Des Jeux & des Plaiſirs.

FIN DE LA TROISIE'ME ENTRE'E.

PRIVILEGE DU ROY.

LOUIS par la grace de Dieu, Roy de France & de Navarre : A nos amez & feaux Conseillers, les Gens tenans nos Cours de Parlement, Maîtres des Requêtes ordinaires de nôtre Hôtel, Grand Conseil, Prevôt de Paris, Baillifs, Sénéchaux, leurs Lieutenans-Civils, & autres nos Justiciers qu'il appartiendra, Salut. Nôtre cher & bien amé le Sieur LOUIS-ARMAND EUGENE DE THURET, cy-devant Capitaine au Regiment de Picardie ; Nous a fait représenter que, par Arrest de nôtre Conseil du 30. May 1733, Nous avons revoqué le Privilege qui avoit été accordé au Sieur le Comte & ses Associez, pour raison de l'Academie Royale de Musique, ses circonstances & dépendances, & rétablit ledit Privilege en faveur dudit Sieur Exposant, pour en joüir par luy, ses Associez, Cessionnaires & Ayans-cause aux charges & conditions portées par ledit Arrest, pendant le temps & espace de vingt-neuf années, à compter du premier Avril de ladite année 1733 & que pour l'exploitation dudit Privilege, ledit Sieur Exposant se trouve obligé de faire imprimer & graver les Paroles & la Musique des Opera qui doivent être representez ; mais que pour cet effet il a besoin de nôtre permission & des Lettres qu'il Nous a tres-humblement fait supplier de luy accorder. A CES CAUSES, voulant favorablement traiter ledit Exposant : Nous luy avons permis & permettons par ces Presentes de faire imprimer & graver *les Paroles & Musique des Opera, Ballets & Fêtes qui ont été ou qui seront representez par l'Academie Royale de Musique, tant séparément que conjointement* en tels Volumes, forme, marge, caractere, & autant de fois que bon luy semblera, & de les faire vendre & débiter par tout nôtre Royaume, pendant le temps de vingt-neuf années consecutives, à compter du jour de la datte desdites Presentes. Faisons défenses à toutes personnes, de quelque qualité & condition qu'elles soient d'en introduire d'Impression ou Gravûre Etrangere dans aucun lieu de nôtre obéïssance : Comme aussi à tous Imprimeurs, Libraires, Graveurs, Imprimeurs, Marchands en Taille-Douce, & autres de graver, ny faire graver, imprimer, ou faire imprimer, vendre, faire vendre, débiter ny contrefaire lesdites Impressions, Planches & Figures, de Paroles, de Musique des Opera, Ballets & Fêtes, qui ont été ou qui seront representez par ladite Academie Royale de Musique, tant separément que conjointement en tout ny en partie, sans la permission expresse & par écrit dudit Sieur Exposant, ou de ceux qui auront droit de luy ; à peine de confiscation, tant des Planches & Figures, que des Exemplaires contrefaits & des Ustanciles qui auront servy à ladite contrefaçon, que Nous entendons être saisis en quelque lieu qu'ils soient trouvez ; de dix mille livres d'amende contre chacun des Contrevenans, dont un tiers à Nous, un tiers à l'Hôtel-Dieu de Paris, l'autre tiers audit Sieur Exposant, & de tous dépens, dommages & interests, à la charge que ces Presentes seront enregistrées tout au long sur le Registre de la Communauté des Libraires & Imprimeurs de Paris, dans trois Mois de la datte d'icelles ; Que la Gravûre & Impression desdites Paroles & Opera sera faite dans nôtre Royaume & non ailleurs, en bon papier & beaux caracteres, conformément aux Reglemens de la Librairie, & notamment à celui du dix Avril 1725. & qu'avant que de les exposer en vente, les Manuscrits gravez ou imprimez seront remis dans le même état où les Aprobations, auront été données és mains de nôtre tres-cher & feal Chevalier Garde des Sceaux de France, le Sieur Chauvelin ; & qu'il en sera ensuite remis deux Exemplaires de chacun dans nôtre Bibliotheque publique, un dans celle de nôtre Château du Louvre, & un dans celle de nôtre tres-cher & feal Chevalier Garde des Sceaux de France, le Sieur Chauvelin ; Le tout à peine de nullité des Presentes ; Du contenu desquelles Vous mandons & enjoignons de faire joüir ledit Sieur Exposant, ou ses Ayants-cause, pleinement & paisiblement sans souffrir qu'il leur soit fait aucun trouble ou empeschement. Voulons que la Copie desdites Presentes, qui sera imprimée tout au long au commencement ou à la fin desdites Paroles ou Opera, soit tenuë pour dûëment signifiée ; & qu'aux Copies collationnées par l'un de nos amez & feaux Conseillers & Secretaires, foy soit ajoûtée comme à l'Original. Commandons au premier nôtre Huissier ou Sergent, de faire pour l'execution d'icelles tous Actes requis & necessaires, sans demander autre permission, & nonobstant Clameur de Haro, Charte Normande & Lettres à ce contraires. CAR tel est nôtre plaisir. DONNE' à Fontainebleau le douziéme jour de Novembre, l'An de Grace mil sept cent trente-quatre, & de nôtre Regne le vingtiéme ; *Et plus bas*, Par le Roy en son Conseil. *Signé* SAINSON, avec paraphe.

J'ay cedé à M. BALLARD le present Privilege, suivant le Traité fait avec luy le premier Septembre 1730. A Paris ce 23. Novembre 1734. DE THURET.

Registré ensemble la Cession sur le Registre VIII. de la Chambre Royale des Libraires & Imprimeurs de Paris, N. 797. *fol.* 779. *conformément aux anciens Reglemens confirmez par celuy du* 28. *Fevrier* 1723. *A Paris le* 23. *Novembre* 1734. G. MARTIN, Syndic.

www.ingramcontent.com/pod-product-compliance
Lightning Source LLC
LaVergne TN
LVHW010005230826
846092LV00002B/652

* 9 7 8 2 3 2 9 6 6 4 3 5 4 *